AF246040

LETTRE

A M. DE VILLÈLE,

PRÉSIDENT DU CONSEIL DES MINISTRES,

SUR LA

VIOLATION DES CONSTITUTIONS.

PARIS.

CHEZ LES LIBRAIRES DU PALAIS-ROYAL.

1824

IMPRIMERIE DE J. TASTU,
RUE DE VAUGIRARD, Nº 36.

LETTRE

A M. DE VILLÈLE,

PRÉSIDENT DU CONSEIL DES MINISTRES,

SUR

LA VIOLATION DES CONSTITUTIONS.

―――

« *Moi, qui suis vraiment un roi doux,*
» *modeste et pacifique, je vous conserverai*
» *et soignerai précieusement vos libertés*
» *que j'ai déjà juré de maintenir.* » Ces paroles étaient prononcées par Henri I, roi d'Angleterre, dans un moment où il sentait la nécessité de rendre son autorité populaire pour qu'elle fût durable : elles ont été répétées par tous les princes qui, après avoir porté atteinte aux constitutions d'un pays et vu des mécontentemens éclater, ont enfin compris que la première condition pour

gouverner un peuple est de respecter ses droits et les institutions fondamentales qui les consacrent. C'est que dès l'instant où l'on touche aux garanties sociales, on inquiète tous les intérêts qu'elles protègent, on arme tous les droits qu'elles défendent. Les gouvernemens eux-mêmes sont tôt ou tard forcés de reconnaître qu'il n'y a pas d'État réellement constitué là où il n'y a pas des lois immuables.

C'est à cette conviction que le peuple anglais a dû sa liberté. Là aussi le pouvoir a toujours été occupé à étendre ses prérogatives, à restreindre les droits de la nation ; mais le peuple a su défendre ses franchises avec une constance infatigable ; et les princes qui engagèrent avec lui cette lutte imprudente se sont hâtés d'accorder plus qu'ils n'avaient voulu ravir dès qu'ils ont senti leur faiblesse, ou ont succombé s'ils l'ont méconnue. De cette lutte est né le droit public d'Angleterre : les chartes anglaises ne sont que des transactions entre le pouvoir effrayé et le peuple mécontent. Il me semble qu'il y a là quelque chose d'instructif pour les conseillers des rois et de consolant pour les peuples.

Au commencement du treizième siècle, un prince téméraire livre aux coutumes nationales une guerre audacieuse, foule imprudemment aux pieds les priviléges d'une aristocratie puissante, ne tient compte des réclamations des barons, des murmures du peuple, et multiplie les exactions avec la sécurité du despote le mieux affermi..... Le temps marche, les événemens suivent leur cours, et c'est lui qui accepte solennellement cette Charte fameuse où sont écrits tous les droits dont les hommes avaient alors l'idée. Le despote vaincu se soumet; la coalition victorieuse fonde avec joie la liberté publique; et le peuple recueille avec soin l'utile souvenir de cette victoire nationale.

Mais la grande Charte est à peine jurée que le pouvoir refuse de s'y soumettre. Le despote, auquel elle a jeté le frein, s'irrite et veut lui échapper. Délié de ses sermens par le pape, il s'arme, il ose entreprendre de la détruire. Vains efforts : la nation défend cette loi qu'elle a conquise et la maintient. Cinq fois violée sous la minorité du successeur de Jean-Sans-Terre, loin d'être affaiblie par ces attaques, elle en reçoit plus de force et de vie : car la nation exige chaque fois d'autres sermens, d'autres sanctions, et obtient même des concessions nouvelles. Bientôt Henri III, devenu majeur, saisit le pouvoir et révoque hautement toutes les Chartes « accordées, dit-il, dans un temps où il » n'avait la libre disposition ni de son corps » ni de son sceau. » La nation va-t-elle perdre cette fois ses libertés ? Non; les mécontentemens éclatent, les guerres civiles désolent le royaume, et le roi épouvanté s'écrie : « *Que Dieu me soit en aide! Je ne* » ~~*violerai aucune*~~ *de ces choses, aussi vrai* » *que je suis un homme, un chrétien, un* » *chevalier, et un roi couronné et sacré !* »

C'est qu'on ne peut ébranler le sol sur lequel on marche, sans chanceler soi-même. Les droits des trônes peuvent être divins, mais ils nous apparaissent sous la forme d'une institution humaine, et l'histoire nous dit qu'ils n'ont pas toujours le privilége de résister à ces violentes secousses qui agitent quelquefois les sociétés. Les rois peuvent s'abuser sur leur puissance, ils peuvent concevoir des projets téméraires, mais leur sécurité les abandonne au premier danger, et ils reconnaissent enfin que le peuple a ses droits et sa puissance.

Henri III, en attaquant les libertés nationales, avait causé des guerres civiles, parce qu'il est rare qu'un prince n'ait pas assez de force pour lutter quelque temps contre une nation ; mais il avait affaibli son autorité, parce que l'autorité d'un prince, quel qu'il soit, ne saurait être plus puissante que la volonté nationale. Édouard Ier apporta sur le trône la même haine pour les chartes et pour les libertés qu'elles garantissaient. Il hésita long-temps à les ratifier, et quand il s'y vit contraint, il essaya de placer au-dessus d'elles les droits de sa couronne. Quelles furent les conséquences de cette hésitation et de ces tentatives ? Il irrita les barons et se mit dans la nécessité de signer une nouvelle charte qui étendait encore les chartes précédentes. En vain il en médita plus tard la révocation, en vain il se fit délier de son serment par le pape ; à sa mort il laissa la nation plus forte que jamais, et ses attaques contre les libertés publiques n'avaient fait qu'affaiblir le pouvoir de la couronne.

Long-temps après, pourquoi Jacques II

est-il abandonné? Pourquoi, seul avec son fils, est-il obligé de fuir d'un royaume qu'il n'a pu gouverner? Parce qu'il a voulu régner sans respecter les lois chères au peuple, parce qu'il a mécontenté tous les citoyens et détaché de lui ses partisans eux-mêmes. Que porte le bill d'exclusion? « Que le roi Jac-
» ques II s'est efforcé de renverser la consti-
» tution, en rompant le contrat originel en-
» tre le monarque et le peuple, en violant
» les lois fondamentales et en s'évadant du
» royaume. »

C'est par cet attachement sincère et cons-tant aux lois fondamentales que le peuple anglais a maintenu sa liberté. Dès qu'un souverain cessait de gouverner avec ses lois, il cessait de trouver des sujets obéis-sans; et, comme les institutions de ce peuple ont été souvent attaquées par le pouvoir, les troubles, les guerres civiles, semblent com-poser uniquement son histoire depuis les premiers essais de sa liberté jusqu'à cette révolution qui détrôna deux fois la même famille. Mais toute cette histoire est éloquente, et ces guerres civiles elles-mêmes ne sont pas sans instruction ; elles peuvent apprendre aux conseillers des rois que l'on compromet le bonheur d'une nation toutes les fois qu'on touche imprudemment à ses constitutions ; que la stabilité des lois n'est pas moins nécessaire au repos des peuples que la stabilité des trônes ; qu'un changement aux garanties jurées, à ce dépôt sacré des franchises publiques, effraie la nation, lui ôte toute confiance, toute sécurité, s'il n'est pas exigé par la nécessité la plus impérieuse ; qu'enfin, les chartes sont la propriété des peuples.

Saint Louis, juge favorable aux intérêts du trône, choisi pour arbitre entre les communes et Henri III, commandait au peuple le respect des prérogatives royales, au roi le respect des chartes nationales.

« Sire, disait le président de Harlay à
» Henri III, roi de France (1), nous avons
» deux sortes de lois : les unes sont les or-
» donnances des rois, qui se peuvent chan-
» ger selon la diversité des temps et des
» affaires ; les autres sont les ordonnances
» du royaume, qui sont inviolables, et par
» lesquelles vous êtes monté au trône royal. »

S'il était permis d'adresser ces paroles au
roi de France, à une époque où les libertés
publiques n'étaient que des traditions con-
fiées à la vertueuse indépendance des ma-
gistrats, il est permis sans doute de les rappeler à un premier ministre, aujourd'hui
que ces libertés sont devenues une charte
écrite confiée à la garde de tous les citoyens.

Quand un peuple a combattu trente années

____

(1) Au lit de justice du 15 juin 1586.

pour conquérir des franchises publiques,
quand toute une nation, peuple et monarque, en ont juré solennellement le main-
tien, il est permis de signaler plus d'un
écueil au ministre qui ose entreprendre de
les changer.

Il est permis de lui dire qu'il y aurait
peut-être quelque imprudence à enseigner
publiquement, au sein d'une monarchie,
que ce qui a été long-temps regardé comme
inviolable et sacré peut tout-à-coup cesser
de l'être.

Il est permis surtout de lui rappeler que
lui-même a juré de maintenir ces institutions, et qu'on n'est pas relevé des sermens
prêtés en face de la nation le jour où l'on
entre dans le conseil des rois.

Et sans doute celui qui va chercher dans
les coutumes du peuple anglais des excuses
à son administration, n'a pas le droit de dé-

daigner les leçons que lui donne si hautement l'histoire du même peuple.

M. le comte, vous croyez pouvoir tout entreprendre et tout oser aujourd'hui, sans
que la France fasse plus que vous retirer
son estime. Mais le temps n'amène pas toujours à sa suite des années aussi calmes.
Fasse le ciel qu'aucune calamité ne pèse
jamais sur le pays ! Il pourrait venir des
jours où le peuple, toujours plus sévère
quand il souffre, fît un retour sur son bonheur passé, et vous demandât compte des
institutions que vous lui auriez ravies. Bacon
touchait déjà à la vieillesse quand il fut ac-
cusé et condamné pour d'anciennes exactions. Sans doute on est bien coupable de
diriger infidèlement les finances d'un État,
surtout d'appauvrir des citoyens pour en-
richir quelques favoris ; et le souvenir seul
du génie de Bacon pouvait effacer dans
l'esprit des hommes le souvenir de ses fautes.

Mais on est plus coupable encore quand on attente aux libertés publiques, quand on dénature les institutions d'un peuple, quand on renverse ses lois ou qu'on corrompt ses mœurs; car ce sont les seuls revers dont les peuples ne se relèvent pas.

Si nous avions encore des parlemens, le premier président ne pourrait-il pas aujourd'hui se présenter, comme Achille de Harlay, devant le roi et lui dire : « Sire, vous » aviez déclaré votre Charte inviolable, et » vos ministres la déclarent insuffisante. » Vous aviez craint que vos successeurs » n'entreprissent de la modifier, et vos propres ministres la dénaturent. Vous aviez » voulu fixer l'avenir lui-même, et le présent est prêt à vous échapper. Votre ouvrage devait durer autant que la monarchie, et avec de tels ministres on peut » douter qu'il vous survive. »